IdeenBlitz

Ingrid Biermann

WindTage

Kleine Aktionen für den Kita-Alltag

Herder Freiburg · Basel · Wien

WindTage

Mit Wind und Wetter haben Menschen und Tiere sich täglich auseinander zu setzen. Das ist so selbstverständlich, dass wir meistens kein Wort darüber verlieren. Wir können das Wetter, seine Unbilden und Kapriolen ja sowieso nicht beeinflussen und im Lauf der Jahre haben wir uns an die Schwankungen des Wetters gewöhnt.
Das Wetter ist kaum zutreffend vorherzusagen und es ändert sich täglich. Es begleitet uns das ganze Leben, und auch wenn wir das kaum wahrnehmen, so beeinflusst, ja prägt es uns manchmal geradezu. Es kann traurig, glücklich, froh, gesund und auch krank machen.
Für Kinder ist das Wetter noch nicht so selbstverständlich wie für uns Erwachsene. Für sie gibt es eigentlich kein schlechtes Wetter. Jedes Wetter bietet Kindern viele Reize und Spielmöglichkeiten. Interessiert und wissbegierig nimmt ein Kind die Wetterphänomene wahr, reagiert auf sie und bindet sie in die eigenen Aktivitäten ein.
Das Wetter zeigt sich in vielen verschiedenen Erscheinungsformen: Wind, Regen, Sonne, Schnee, Hagel, Gewitter usw. Der Wind steht dabei immer in Verbindung mit anderen Phänomenen. Er ist nicht sichtbar und oft kaum spürbar und hörbar. Was wir sehen können, sind die Auswirkungen des Windes. Manchmal demonstriert er uns seine ganze Kraft in Form eines Sturms, der Bäume zum Wanken bringt und Blätter umherwirbelt. Damit einher geht das Rauschen in den windgepeitschten Bäumen oder das Pfeifen an einer windausgesetzten Hausecke. Dann empfinden wir den Wind deutlich als starken Widerstand, genauso wie als Gegenwind beim schnellen Radfahren bergab. Aber auch ein lauer, sanfter Wind kann gespürt werden; er wirkt angenehm kühlend in der Sonnenhitze oder lässt im Frühjahr den Blütenstaub wie einen Schleier in der Luft tanzen.
Kinder nehmen den Wind in seinen verschiedenen Formen unterschiedlich wahr, empfinden ihn als unangenehm oder angenehm, anregend oder beruhigend, freuen sich, wenn er den Drachen hoch in die Luft treibt oder ärgern sich, wenn er die Flugbahn des Federballs unberechenbar werden lässt. Sich mit dem Wind und seinen Wirkungen auseinander zu setzen, ihn zu spüren und ihm nachzuspüren, fördert die Wahrnehmungsfähigkeit der Kinder, besonders im Bereich der taktilen, auditiven und visuellen Wahrnehmung.

Inhalt

Sie können das Thema Wind einleiten, indem Sie zunächst einen Wetterinformationstag ansetzen. Die Kinder richten dazu ein „Wettermuseum" ein. Sie können dieses mit allem ausstatten, was mit dem Thema Wind und Wetter in Verbindung gebracht werden kann, z. B. Bilderbücher, Bilder, Thermometer, Barometer usw. Bringen Sie die Jahreszeiten mit ihren typischen Wetterphänomenen zur Sprache und stellen Sie den Wind jeweils in den Mittelpunkt.

Auch Eltern, die beruflich oder in ihrer Freizeit etwas mit dem Wetter zu tun haben, können um Mithilfe gebeten werden. Exkursionen zu Windmühlen, Windrädern, Segelflug- oder Segelbootsplätzen, zu einer Wetterstation usw. können dieses Projekt begleiten.

Ingrid Biermann

Der alte Herr Wind und die Bergzwerge

Material:

Astzwerge (Beschreibung siehe unten), Hocker, zwei braune Tücher, Moos, Schreibmaschinenpapier, Malstifte, Watte-bällchen, Kassettenrekorder, ruhige Musik (Wind), kleine Lampe, für jedes Kind ein Sitzkissen und eine Malunterlage (Holzbrett)

Vorbereitungen:

Einige Tage zuvor gestalten die Erzieherinnen aus dicken Ästen, die am einen Ende gerade, am anderen schräg abgeschnitten wurden, mehrere Zwerge. Dazu werden auf die schräge Schnittkante mit Plakafarbe Gesichter gemalt. Ein Hocker mit einem braunen Tuch darüber wird als Berg aufgestellt und mit Moos gestaltet. Anschließend werden die Zwerge um den „Berg“ gruppiert. Die so gestaltete Szene wird mit einem Tuch abgedeckt und von einer kleinen Lampe angestrahlt.

Einstieg:

Die Kinder setzen sich auf ihre Kissen.

Atemspiele

1. Die Kinder atmen durch die Nase ein und atmen mit spitzem Mund wieder aus. Dabei blasen sie Luft in ihre Hand. (Dreimal hintereinander.)
2. Die Kinder atmen durch die Nase ein und atmen mit weit geöffnetem Mund wieder aus. Auch jetzt halten sie die Hand wieder dicht vor ihren Mund, um den Atem zu spüren.
3. Die Kinder atmen durch die Nase ein und atmen durch den Mund wieder aus. Durch die dicht vor den Mund gehaltene Hand spüren sie auch jetzt wieder die dabei frei werdende Luft.

Windmeditation

Die Kinder lauschen einer „Windmelodie“ (ruhige Musik vom Kassettenrekorder) und lassen ihren Gedanken freien Lauf. In einem Gespräch können sie ihre Gedanken austauschen. Danach wird das Tuch aufgedeckt und die Szene mit dem Berg und den Zwergen enthüllt. Die Erzieherin erzählt die folgende Geschichte.

Hoch oben hinter den Bergen, dort, wo das ganze Jahr über Schnee liegt, wohnt ganz tief in einer Felsspalte der alte Herr Wind. Schon viele Jahre lang bläst er mit aller Kraft warme oder kalte Luft zur Erde. Und hier oben wohnen auch die Bergzwerge. Sie sind die Nachbarn vom Herrn Wind. Er und die Zwerge verstehen sich recht gut, aber hin und wieder ärgern die Zwerge den Wind.

Manchmal, wenn er tief und fest schläft, piksen sie ihn mit einer Tannennadel in die dicken Blasebacken. Der Wind erschrickt und bläst so stark, dass es auf der Erde stürmt. Die Menschen erkennen daran, dass hoch oben auf dem Berg wieder Unruhe ist. Da sie aber nie genau wissen, wie lange diese Unruhe und damit auch der Sturm anhalten werden, holen sie schnell die Kinder ins Haus und bringen ihre Tiere in den Stall. Sie schließen Türen und Fenster und warten darauf, dass der Sturm sich legt. Es dauert oft sehr lange, bis der alte Herr Wind sich von dem Schrecken erholt und wieder beruhigt hat. Manchmal wird aus dem Sturm sogar ein noch stärkerer Orkan, der Bäume umreißt, Dachziegel von den Dächern pustet und Autos umwirft. Die Bergzwerge werden in solchen Fällen immer etwas ängstlich und bitten den Wind um Verzeihung. Der alte Herr beruhigt sich dann schnell und stellt das Blasen ein. Die Menschen auf der Erde sind darüber sehr froh, denn nun können sie wieder die Fenster öffnen, die Tiere auf die Weide bringen und die Kinder draußen spielen lassen.

In den letzten Wochen haben die Bergzwerge bemerkt, dass der alte Herr Wind oft sehr müde ist. Er schläft so fest, dass er manchmal gar nicht spürt, wenn sie ihn mit der Tannennadel piksen. Nur hin und wieder öffnet er seine Augen ein wenig, bläst einmal kurz und schläft wieder ein. Der alte Herr Wind fühlt sich sehr schlapp und müde.

Die Menschen auf der Erde klagen. Es ist ihnen viel zu heiß. Ein kühler Wind würde ihnen gut tun.
Die Bergzwerge machen sich große Sorgen. So kennen sie den alten Herrn Wind gar nicht. Ist er vielleicht krank? Kaum haben sie darüber nachgedacht, da hören sie ihn schon husten. Plötzlich niest er mehrmals so stark, dass die Zwerge im hohen Bogen in alle Himmelsrichtungen gewirbelt werden. Sie verlieren dabei ihre Mützen, stoßen mit ihren Köpfen gegen Wurzeln und Steine oder purzeln bis vor eine Felswand. Die Menschen auf der Erde bekommen Angst, denn bei jedem Niesen zerbrechen Fensterscheiben, klirren die Tassen in den Schränken und fallen Bilder von den Wänden. Die Zwerge sind völlig ratlos. Wie können sie dem alten Herrn Wind nur helfen? Sie setzen sich zusammen, ziehen ihre Mützen tief ins Gesicht und überlegen. Plötzlich hat der kleinste und jüngste Zwerg eine Idee. Sie könnten doch die Schnecke Tamara um Rat fragen, die nicht weit von hier unter einer alten, riesengroßen Wurzel lebt. Sie ist sehr klug. Schnell laufen alle Zwerge zur alten Wurzel und erzählen Tamara von dem kranken Herrn Wind. Als Tamara das hört, holt sie ihr großes Teebuch. Darin stehen viele Rezepte, die schon so manchen kranken Bergbewohner wieder gesund gemacht haben. Nachdem sie eine Weile geblättert und gesucht hat, findet sie das richtige Rezept: Schneeflockensaft. Der wird den alten Herrn Wind bestimmt wieder gesund machen. Aus vielen Schneeflocken, die oben auf der Spitze des höchsten Berges liegen, sollen die Zwerge ihm diesen Saft kochen. Davon soll der kranke Herr Wind drei Tage lang morgens, mittags und abends ein großes Glas trinken. Dann wird er bestimmt wieder gesund.
Jetzt haben die Zwerge eine schwere Aufgabe zu erfüllen. Auf den höchsten Berg zu klettern, ist bestimmt nicht einfach. Aber weil sie oft sehr unfreundlich zu dem alten Herrn gewesen sind und ihn manches Mal geärgert haben, wollen sie ihm jetzt helfen. Am nächsten Morgen, bepackt mit leeren Kannen, so groß wie Fingerhüte, klettern sie den Berg hinauf. Das ist sehr gefährlich, denn je höher sie kommen, umso tiefer wird der Schnee. Die kleinen Hände der Zwerge sind bald so kalt, dass sie die Kannen kaum noch tragen können. Aber sie geben nicht auf, sie wollen es unbedingt schaffen. In der Ferne hören sie den kranken Herrn Wind niesen und sogleich

fegt ihnen ein eisiger Wind um die Nasen. Doch endlich sind sie oben angelangt. Hier auf der Spitze liegt schöner weißer Schnee, genau wie die Schnecke Tamara ihn beschrieben hat. Die Schneeflocken sind so dick wie Erbsen und jeweils nur eine davon passt in eine Zwergenkanne. Nachdem die Zwerge alle Kannen gefüllt haben, schleppen sie diese den Berg wieder hinunter. Das ist eine sehr schwere Arbeit. Den Zwergen fließen viele dicke Schweißtropfen über das Gesicht. Doch schließlich ist auch der mühselige Rückweg geschafft und die Bergzwerge kochen den Schneeflockensaft. Sie müssen sich beeilen, denn der kranke Herr Wind hat Fieber bekommen. Zitternd sitzt er in der Felsspalte und wartet auf die Hilfe der Zwerge. Schon kurz nachdem er den heißen Saft getrunken hat, spürt er eine mollige Wärme, die durch seinen Körper strömt. Die Zwerge haben zusätzlich einige große Blätter mitgebracht, die sie dem Herrn Wind um den Hals wickeln. Nachdem die Bergzwerge den kranken Herrn Wind drei Tage und Nächte hindurch gepflegt haben, sind Fieber und Erkältung wie weggeblasen. Welche Freude! Endlich ist der alte Herr Wind wieder gesund. Vorsichtig versucht er zu blasen, und zum Glück geht es wieder sehr gut. Er bläst und bläst, und ein sanfter Wind weht über die Erde. Die Menschen sind froh. Endlich spüren sie wieder den kühlen, wohltuenden Wind. Die Zwerge sind stolz, denn sie haben den alten Herrn Wind wieder gesund gepflegt. Von dem Tag an ärgern sie ihn nicht mehr. Sie lassen ihn in aller Ruhe so lange schlafen, wie er will. Wenn er mal keine Lust hat, Wind auf die Erde zu schicken, dann blasen die Zwerge alle gemeinsam so fest sie können und die Menschen freuen sich über die leichte Brise, die ihnen um die Nase weht.

Abschluss:

Jedes Kind faltet aus Schreibmaschinenpapier, das es vorher mit Malstiften gestalten kann, einen Fächer. Mit diesem können verschiedene Windspiele durchgeführt werden, beispielsweise sich selbst Wind schenken, einem anderen Kind Wind zufächeln oder im Raum verteilte Wattebällchen mit dem Fächerwind vorwärts bewegen.

Der Flug mit dem Wind

Material:

Kassettenrekorder mit ruhiger Musik, eine Kerze und Streichhölzer, eine kleine Lampe, viele Luftballons, ein Kopfkissenbezug, eine Ballonpumpe, ein buntes Tuch, einige schöne Gegenstände wie Steine, Federn, Moos, Wurzeln usw., eine Feder, für jedes Kind eine Decke und ein Kissen

Raumvorbereitung:

Die Decken und Kissen werden in Kreisform angeordnet. In der Kreismitte steht auf einem Tuch eine Kerze. Einige schöne Gegenstände schmücken das Tuch. Der Raum ist verdunkelt und erwärmt. Der Kassettenrekorder und die Materialien stehen bereit.

Einführung:

Die Kinder stellen sich auf die Decken und werden eingeladen, zusammen einen Spaziergang durch den Wind zu machen. Dabei sollen sie die Augen schließen, auf der Stelle treten und sich vorstellen, wie der Wind an ihnen zerrt. Sie können sich wild bewegen und ihren Körper im Wind rütteln und schütteln. Musikalische Untermalung durch „Windmusik".

Erzieherin:

Fliegt wie die Blätter im Wind hin und her und schüttelt dabei aus dem Körper heraus, was euch heute geärgert hat und was euch Sorgen bereitet. Lasst es vom Wind forttragen.

Nach diesem Befreiungstanz setzen sich die Kinder auf ihre Decke, schließen die Augen und spüren in sich hinein.

Erzieherin:

Spürt ihr, wie leicht ihr jetzt seid?

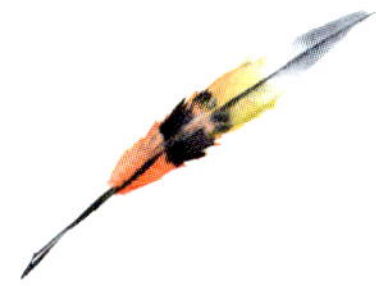

Die Erzieherin geht von einem Kind zum anderen und berührt jedes leicht mit einer Feder. Dann legen sich alle auf ihre Decken und machen eine Fantasiereise. Nachdem die Kinder innerlich und äußerlich zur Ruhe gekommen sind, wird der folgende Text ruhig, langsam, leise und mit vielen Pausen vorgelesen.

Stell dir vor, du liegst auf einer mit Luftballons gefüllten Bettdecke.
Die Ballons halten dich und du liegst locker, weich und fast schwerelos auf diesem Bett.
Dein Atem fließt ruhig und langsam durch deinen Körper.
Gleichmäßig atmest du ein und aus.
Bei jedem Atemzug wirst du leichter und leichter.
Du spürst deine Arme, deine Hände, deine Beine, deine Füße, deinen Kopf, deinen ganzen Körper nicht mehr.
Er ist leicht, so leicht wie eine Feder.
Plötzlich kommt der Wind, er bläst dich an und nimmt dich mit hoch in die Luft.
Leicht und ganz frei steigst du langsam höher und höher.
Wie auf einer großen, unsichtbaren Decke liegend wirst du vom Wind durch die Luft getragen.
Immer wieder bläst dich der Wind sanft und ruhig ein Stückchen höher.
Du fühlst dich wohl, du fühlst dich leicht, du fühlst dich frei.
Hoch in der Luft fliegst du über Wiesen und Wälder, über Häuser und Flüsse.

Du hast keine Angst, denn du fühlst, wie dich der Wind sicher trägt und dich immer weiter treibt.
Es ist ein sehr schönes Gefühl.
Die Welt unter dir ist winzig klein.
Lange, ganz lange fliegst du immer weiter.
Doch nun musst du zurück.
Der Wind dreht sich und schiebt dich nach Hause.
Du spürst, wie du langsam hinunter zur Erde gleitest.
Immer tiefer und tiefer, bis du wieder auf deinem Luftballonbett liegst.
Jetzt spürst du wieder deine Arme, deine Finger, deine Füße, deine Beine, deinen Kopf und nun deinen ganzen Körper.
Weck langsam die einzelnen Körperteile.
Öffne deine Augen, reck und streck dich, und nun bist wieder hier in deiner Welt.

Abschluss:

Die Erzieherin bläst einen Luftballon auf. Sie wirft einem Kind den Ballon zu und dieses berichtet über seine Empfindungen während der Reise. Der Ballon wird von Kind zu Kind weiter geworfen und jedes Kind erzählt über die erlebte Reise.
Danach werden gemeinsam viele Luftballons aufgeblasen und in den Kopfkissenbezug gesteckt. Zum Schluss ist ein „Luftkissen" fertig. Jeder, der möchte, kann sich einmal auf das Kissen legen. Dieses Luftkissen kann in die Kuschel- oder Leseecke gelegt werden.

Der Löwenzahn und der freundliche Herr Wind

Material:

Bild von einem Löwenzahn, kleine Abdeckblätter

Einstieg:

Ein Bild von einem Löwenzahn (z. B. Kalenderbild) wird in die Kreismitte gelegt und mit kleinen Blättern abgedeckt. Nacheinander kann jedes Kind ein Blatt entfernen und versuchen, das verdeckte Bild zu erraten. In einem anschließenden Gespräch können die Kinder ihre Kenntnisse über den Löwenzahn austauschen.

Im Garten steht ein Löwenzahn,
den schau ich mir sehr gerne an,
seine Blüte weht im Wind,
den Löwenzahn kennt jedes Kind.

Auch der Hase freut sich sehr,
er hoppelt hungrig so daher.
Da sieht er einen Löwenzahn,
er frisst und frisst, so viel er kann.

Doch eines Morgens, welch ein Schreck,
da ist die gelbe Blüte weg.
Ein Schneeball sitzt jetzt auf dem Stiel,
hat weiße Pollen, ganz, ganz viel.

Der Wind, er pustet und er bläst,
der Schneeball viele Pollen lässt,
sie purzeln blitzschnell kreuz und quer,
ja, dieser Tanz gefällt mir sehr.

Ich puste auch, so gut ich kann
und schau mir diesen Tanz gut an.
Der Schneeball, er ist leider fort,
wächst er an einem andern Ort?

Der Löwenzahn, er braucht den Wind,
er bläst den Samen fort geschwind,
lässt neuen Löwenzahn entstehn,
so wird es immer weitergehn.

Abschluss:

Der Vers wird als kleines Spiel dargestellt.

Auswertung:

Wenn die Jahreszeit und das Wetter es erlauben, wird bei einem Spaziergang Löwenzahn gesucht, betrachtet und betastet.

Komm, ich hole meinen Drachen

Material: ein Bogen Tonpapier (weiß), ein schwarzer Filzstift, Buntstifte, quadratische Faltblätter, Locher, Wolle, für jedes Kind Klebstoff und Schere

Einstieg: Die Kinder sitzen im Kreis. Die Erzieherin stellt ein Bildrätsel. Sie malt einen großen Drachen. Während sie malt, können die Kinder das Motiv erraten. In einem Gespräch können die Kinder über eigene Abenteuer beim Drachensteigen berichten. Die Erzieherin lenkt das Gespräch auf den Wind und liest schließlich langsam die folgende Reimgeschichte vor.

Hinweis: Das letzte Wort in der 2. Verszeile setzen jeweils die Kinder ein.

Reimgeschichte:

Komm, ich hole meinen Drachen,
mit ihm kann ich im Wind viel … (machen).

Ich halt ihn fest mit meiner Hand,
der Wind, er zieht am langen … (Band).

Der Drachen steigt, tanzt hin und her,
das bunte Ding, das mag ich … (sehr).

Ich halt ihn fest und schau ihm zu,
jetzt steht er still, er gönnt sich … (Ruh).

Doch plötzlich weht der Wind und dann
fängt er erneut zu tanzen … (an).

O weh, er stürzt, ich zieh ganz fest,
der Wind ihn wieder steigen … (lässt).

Der Drachen saust nun hin und her,
ihn festzuhalten ist sehr … (schwer).

Ich zieh und halt das lange Band
ganz fest in meiner starken … (Hand).

Ich schau zum Himmel, ach, wie schön,
dem Drachen heute zuzu… (sehn).

Was nun, der Wind, er pustet sacht,
mein Drachen einen Kopfstand … (macht).

Er stürzt kopfüber in das Gras,
macht nichts, es war ein Riesen … (Spaß).

Ich nehm den Drachen, geh nach Haus,
doch morgen geh ich wieder … (raus).

Auswertungsvorschläge:

1. Diese Geschichte lässt sich gut pantomimisch darstellen.
2. Gemeinsam können die Kinder mit Buntstiften den Drachen bunt malen.
3. Aus einem quadratischen Faltblatt kann sich jedes Kind einen eigenen Drachen falten.

Spiele mit dem Wind

Die Windflitzer

Material: weißes Tonpapier, Schere, Buntstifte

Anleitung: Aus dem Tonpapier wird ein größeres Rechteck gefaltet. Dieses wird quer in der Mitte geknickt. Nun wird auf die eine Hälfte ein Männchen gezeichnet. Es wird angemalt und so ausgeschnitten, dass der Kopf mit dem Knick verbunden bleibt (siehe Illustration unten). Nun kann man den Windflitzer auf einen Tisch stellen. Wer hat die stärkste Puste? Nun wird nämlich der Windflitzer von einer Tischkante über den Tisch gepustet, bis er auf der anderen Seite herunterfällt.
Bei einem Windflitzer-Wettspiel treten immer zwei Windflitzer gegeneinander an, die um die Wette über den Tisch gepustet werden.

Hinweis: Über den Tisch können auch Wattebäusche, Federn oder Luftballons, die nur ein wenig aufgeblasen wurden, gepustet werden.

Zielpusten

Material: Kieselsteinchen oder kleine Holzstöckchen, Wattebausch

Anleitung: Mit den Steinen oder Stöckchen werden an zwei gegenüber liegenden Tischkanten Tore markiert. Dann versuchen zwei Kinder, einen Wattebausch in das gegnerische Tor zu pusten. Wer hat in einer bestimmten Zeit die meisten Tore gepustet?

Hinweis: Zum Pusten kann auch eine Luftpumpe oder ein Blasebalg genommen werden.

Das Blätter-Pustespiel

Material: 2 kleine Tische, 12 leere Flaschen, 12 kleine Faltblätter

Anleitung: Die Flaschen werden auf zwei Tische verteilt. Auf jede Flasche wird ein Faltblatt gelegt. Nun sollen die Kinder auf ein Zeichen (Händeklatschen) die Blätter nacheinander von den Flaschen pusten. Wer hat zuerst alle Blätter heruntergepustet? Wer es geschafft hat, die Blätter sogar noch vom Tisch zu pusten, der ist Pustekönig.

Variation: Die Kinder können mit einem aufgeblasenen Luftballon, mit einem Blasebalg oder einer Luftpumpe, mit einem Stück Pappe als Fächer etc. versuchen, die Blätter von den Flaschen und vom Tisch zu pusten oder zu wirbeln.

Erbsen in Nachbars Garten

Material: Erbsen, Strohhalme, ein Wollfaden

Anleitung: Der Wollfaden wird auf den Boden gelegt. Er ist die Grenzlinie zwischen zwei Gärten. Nun werden in die eine und in die andere Gartenhälfte die gleiche Menge Erbsen gelegt. Sie müssen mit dem Strohhalm über die Linie in den anderen Garten gepustet werden. Auf ein Zeichen (Händeklatschen) wird das Spiel gestoppt. Wer hat die wenigsten Erbsen in seinem Garten, wer die meisten? Wer die wenigsten in seinem Garten hat, hatte die beste Puste.

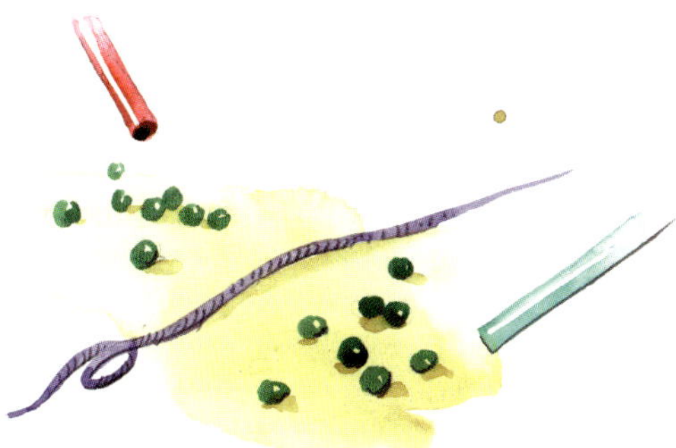

Zehn Schwalben sitzen auf der Stange

Fingerspiel

Ellbogen auf den Tisch stellen, Finger still halten.	Zehn Schwalben sitzen auf der Stange.
Gähnen und stöhnen.	Sie warten auf den Wind schon lange. Sie gähnen, stöhnen, aber dann –
Pusten.	fängt der Wind zu blasen an.
Hin und her schauen.	Zehn Schwalben schauen hin und her, sie mögen diesen Wind so sehr.
Finger bewegen.	Sie recken sich und fangen dann munter und froh zu fliegen an.
Finger bewegen und pusten.	Zehn Schwalben fliegen mit dem Wind, froh ist ein jedes Schwalbenkind.
Finger hin und her bewegen.	Sie fliegen in die weite Welt, in der es ihnen gut gefällt.
Die Ellbogen auf den Tisch stellen und die Finger spreizen.	Zehn Schwalben kommen spät nach Haus, sie ruh'n sich auf der Stange aus.
	Der Wind, er geht von hier nun fort, er sucht sich einen andren Ort.

Ein Segelschiff

Fingerspiel

Die Handflächen werden aneinander gelegt und ein wenig geöffnet. Die Daumen werden hochgestreckt. Sie bilden die Segel.

Das Segelschiff stillhalten. Pusten.	Ein Segelschiff ruht auf dem Meer. Da kommt ein wilder Wind daher.
Pusten und die Hände wellenförmig bewegen.	Er bläst das Schiff von diesem Ort, er bläst und bringt es ganz weit fort.
Mit den Händen wellenförmige Bewegungen machen.	Das kleine Schiff, es fährt und denkt: „Wohin mich dieser Wind wohl lenkt?" Es ist allein und ruft: „Oh Graus, ja, hoffentlich find ich nach Haus."
Wellenförmige Bewegungen machen.	Das Schiff treibt auf dem großen Meer, es ruft: „Herr Wind, ach, bitte sehr, bringt mich nach Haus, ich fürcht mich sehr,
Pusten und Wellenbewegungen machen.	bring mich zurück, ich mag nicht mehr."
Hände bewegen sich ruhiger.	Der Wind, er bläst das Schiff nach Haus, die Meerrundfahrt, die ist nun aus. Das Segelschiff sagt: „Dankeschön", nun kann der Wind nach Hause gehen.
Hände stillhalten.	Das Segelschiff ruht auf dem Meer, denkt an den Wind und freut sich sehr. Denn morgen, da kommt ganz bestimmt zu ihm zurück der wilde Wind.

Der Wind, er bläst, so fest er kann

Pantomime

Pusten.	Der Wind, er bläst, so fest er kann,
Hände und Arme hängen lassen und schütteln oder hin- und herbewegen.	die Wäsche fängt zu flattern an.
Arme auf und ab bewegen.	Sie flattert lustig auf und ab,
	ach, lieber Wind, mach bloß nicht schlapp.

Pusten.

Rechten und linken Arm kreisförmig über den Kopf drehen.
Arme seitlich ausstrecken und kreisförmige Bewegungen machen.

Pusten.

Arme seitlich ausbreiten, auf und ab bewegen und eventuell durch den Raum gehen.
Arme ausbreiten und stillhalten.

Mit den ruhig ausgebreiteten Armen durch den Raum gehen und zum Platz zurückkehren.

Der Wind, er bläst, so fest er kann,

das Mühlrad fängt zu drehen an.

Die Flügel drehen sich geschwind,

sie mögen diesen starken Wind.

Der Wind, er bläst, so fest er kann,

der Vogel fängt zu fliegen an.

Er hält die Flügel ganz, ganz still,

weil er im Wind nun schweben will.

Herr Pustewind

Material:

Dinge, die Windgeräusche erzeugen, z.B. der Deckel eines Flötkessels, Plastikschläuche in verschiedenen Stärken und Längen, Butterbrotpapier, Flaschen, ein Kassettenrekorder, mit dem diese Geschichte aufgenommen werden kann, für jedes Kind ein Sitzkissen, zwei Tücher

Vorbereitung:

Die genannten Gegenstände werden in die Mitte des Raumes auf ein Tuch gelegt und mit dem zweiten Tuch abgedeckt. Für jedes Kind wird ein Sitzkissen bereitgelegt.

Die Kinder setzen sich auf die Sitzkissen und versuchen, das folgende Rätsel zu lösen.

Er pfeift und heult, er ist sehr stark,
reißt alles um, was er nicht mag.
Doch manchmal bläst er auch ganz sacht,
was allen Menschen Freude macht.
Er streichelt dich, zerzaust dein Haar,
die Kühle, sie ist wunderbar.
(Wind)

Experimentierphase:

Nachdem die Kinder das Rätsel gelöst haben, können sie mit den bereitgestellten Materialien Windgeräusche erzeugen.

Im watteweichen Wolkenhaus wohnt Herr Pustewind. Er saust täglich auf der Wolkenstraße hin und her und schaut auf der Erde nach dem Rechten. Herr Pustewind ist ein lustiger Geselle und macht den ganzen Tag nur das, was er will. Er bringt dabei die Menschen auf der Erde oft durcheinander, denn durch seine ständig wechselnden Windspielereien weiß niemand so genau, was im nächsten Augenblick, in der nächsten Stunde, in der Nacht oder am Tag geschehen wird. Aber gerade das gefällt dem Pustewind. Niemand auf der Erde soll schon vorher wissen, was er im nächsten Augenblick machen will. Oft säuselt er still und leise vor sich hin und streichelt dabei sanft alles, was ihm in den Weg kommt. Er berührt die Pflanzen, die Tiere und die Menschen, die das als sehr angenehm empfinden. Aber im nächsten Augenblick heult er auf und pustet auf der Erde alles durcheinander. Blätter wirbeln herum, Hüte fliegen durch die Luft und die Wäsche flattert. Ein anderes Mal pfeift er durch alle Ritzen und reißt um, was nicht befestigt ist oder sich selbst halten kann. Dann gibt es Augenblicke, da stöhnt und ächzt er so laut, dass die Menschen und Tiere in ihre Häuser und Stallungen flüchten. Aber meistens ist Herr Pustewind ganz zärtlich und tanzt vergnügt und beschwingt in der Welt hin und her, so dass die Blätter in den Bäumen ein leises Windlied singen. Manchmal ist es auch windstill. Dann können die Menschen sich in Ruhe auf die Wiese legen und sich sonnen, oder im Park spazieren gehen, in Straßencafés sitzen oder im Garten arbeiten. Wenn es den Menschen zu heiß wird, dann schickt Herr Pustewind ihnen eine kleine Abkühlung, über die sich alle freuen. Aber am liebsten schaut er spielenden Kindern zu. Manchmal schickt er ihnen eine kräftige Brise. Dann lassen sie ihre Drachen und Windvögel steigen oder sie spielen mit ihren Windrädern. Darüber ist er sehr glücklich, bläst dann noch einmal ganz kräftig und ist froh, Herr Pustewind zu sein.

Auswertung:

Mit den oben angegebenen Materialien wird die Geschichte mit Windgeräuschen untermalt und mit dem Kassettenrekorder aufgenommen. Anschließend können die Kinder ihre eigene Windgeschichte hören.

Auf dem Feld hinter der Wiese

Material:

Schnur, ein weißes Tuch, Wäscheklammern, ein großer Strahler, ein Föhn, viele Dosen, Holzstäbe, für jedes Kind eine Sitzmatte

Raumvorbereitung:

Die Sitzmatten werden in einer Ecke des Raumes zu einem Kreis zusammengelegt. Die Schnur wird gespannt, das Tuch wird daran aufgehängt und der Raum wird verdunkelt. Die Dosen liegen griffbereit.

Einstieg:

Die Kinder sitzen im Kreis. Die Erzieherin stellt das folgende Rätsel.

Was ist das?
Er saust und braust um viele Ecken,
er kommt und will die Menschen wecken.
Er heult und reißt auch Bäume um
und nur ganz selten ist er stumm.
(Wind)

Experimentierphase:

In einem Gespräch können die Kinder von Winderlebnissen berichten. Die Materialien wie die Dosen und der Föhn werden geholt. Damit können die Kinder Windexperimente machen.

Ablauf:

Danach wird die Geschichte erzählt und die Geräusche und die Darstellung als Schattenspiel eingebaut.

Auf dem Feld hinter der Wiese

Ein Kind stellt sich mit ausgebreiteten Armen vor das Tuch.
Mit einem Föhn Wind erzeugen.

Auf dem Feld hinter der Wiese
steht still die Vogelscheuche Liese.

Der Wind saust auf die Liese zu,
vorbei ist es nun mit der Ruh.

An die Dosen schlagen und mit dem Föhn Wind erzeugen.

Der Wind, er zupft an Hemd und Hose,
es klappert laut und schrill die Dose.

Föhn in Richtung Haare halten. Das Kind bewegt die Arme.

Der Wind, er bläst, ihr Haar das weht,
die Liese nicht mehr stille steht.

Das Kind zappelt mit dem Körper. Dabei werden die Dosen geschlagen.

Sie tanzt ganz wild nun mit dem Wind,
das Klappern hört ein jedes Kind.

Den Föhn in Richtung Haare halten.

Die Haare flattern kreuz und quer,
den Wind, den mag die Liese sehr.

Föhn schwach stellen.

Ganz langsam zieht der Wind nun fort,
er sucht sich einen neuen Ort.

Der Wind ist nicht mehr zu hören. Das Kind steht still.

Auf dem Feld hinter der Wiese,
steht still die Vogelscheuche Liese.

Auswertung:

Dieses Spiel wird als Schattenspiel dargestellt, wobei das agierende Kind hinter dem aufgespannten Leintuch steht und von dem Strahler so beleuchtet wird, dass sein Schatten auf das Leintuch fällt.

Das Segelschiff

Material: mehrere DIN A4-Blätter

Ablauf: Die Kinder sitzen mit der Erzieherin an einem Tisch. Vor der Erzieherin liegt ein weißes DIN A4-Blatt. Während sie die folgende Geschichte erzählt, faltet sie das Blatt und macht die entsprechenden Bewegungen.

Das Segelschiff

Es war einmal ein Blatt Papier,
du siehst es ja, denn es liegt hier.

Hut falten.

Ich falte nun mit etwas Mut
einen kleinen, spitzen Hut.

Hut auf den Kopf setzen.

Ja, der Hut, er ist sehr schön,
den kannst du auf dem Kopf nun sehn.

Pantomimisch darstellen.

Ich schaue in den Spiegel rein,
ich finde diesen Hut sehr fein.

Nun schaut euch bitte einmal an,
was aus dem Hut nun werden kann.

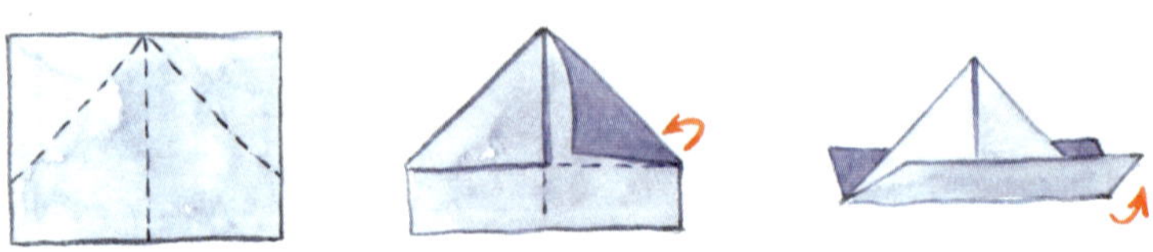

Schiff falten.
Das Schiff in der Hand halten.

Ich falt ein Schiff, schau ganz gut hin,
denn mit Geschick und Salabim
ist das Segelschiff bereit
für eine Reise nun zu zweit.

Wellenbewegungen mit dem Schiff machen.

In dieses Schiff, da steig ich ein
und segle in die Welt hinein.

Pusten.

Der Wind, er bläst das Schiffchen fort
an einen unbekannten Ort.

Kräftig pusten.
Das Schiff schnell hin- und herbewegen.
Sehr große Wellenbewegungen machen.

Der Wind bläst nun, so fest er kann,
das Schiffchen fängt zu schwanken an.
Hohe Wellen wie ein Turm,
das Schiff, es schaukelt stark im Sturm.

Mit den Füßen auf die Erde trampeln.
Das Schiff hin- und herbewegen.
Pantomimisch darstellen.

Der Regen prasselt auf das Meer,
das kleine Schiff, es schwankt gar sehr.
Doch auf einmal, ach, wie dumm,
stürzt das Segelschiff dann um.

Das Schiff zerreißen und auf den Boden fallen lassen.
Schwimmbewegungen machen.
Gähnen.

Es zerbricht, sinkt auf den Grund,
ich schwimme mehr als eine Stund.
Ganz nass und müd komm ich nach Haus,
und nun ist die Geschichte aus.

Abschluss:

Die Kinder bekommen ebenfalls ein DIN A4-Blatt, falten es und spielen die Geschichte noch einmal gemeinsam mit der Erzieherin.

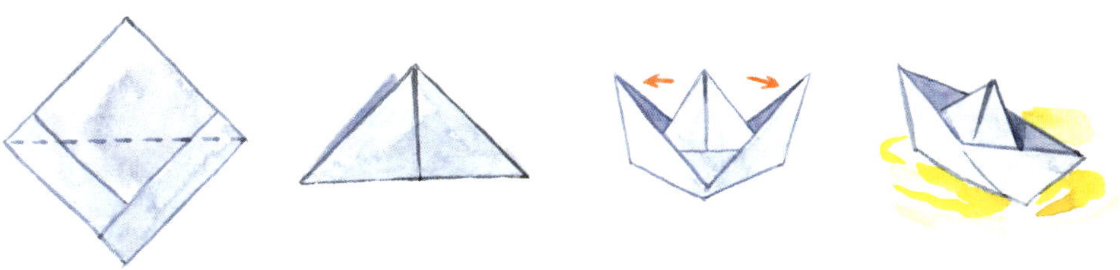

Experimente mit Luft und Wind

Material:

Zentimetermaß, Tisch, Wattebällchen, Wasserfarbe, Pergamentpapier, Wasser, Strohhalme, Papier, Luftballons, Kopfkissenbezüge, eine Waage, unterschiedliche Flaschen, Wasser, Luftpumpe, Blasebalg, Föhn, Fächer, Blätter oder Papierschnipsel, Bilder vom Sturm, Gürtel, Plastikschlauch, lange Stoffstreifen, Dinge zum Riechen, Faltblätter, dünne Stäbe, Klebstoff, Schere, Perlen, Nagel, Hammer, ein großer Weidenkorb, ein Abdecktuch, für jedes Kind ein Sitzkissen

Raumvorbereitung:

Die Sitzmatten werden in Kreisform gelegt. Der Weidenkorb mit dem Material steht griffbereit.

Einstieg:

Die Erzieherin stellt folgendes Rätsel:

Er ist mal laut und auch mal leise,
er macht ständig eine Reise.
Du spürst ihn, hörst ihn, kannst ihn sehen,
doch niemals kannst du mit ihm gehen.
(Wind)

Was gehört zum Wind?

Die Kinder werden nun durch Wortspiele und Assoziationen für die Thematik motiviert.

1. Sie sollen Wörter nennen, in denen das Wort Wind enthalten ist, z. B. Windmühle, Windrad, Windbeutel, Windböe, Windhund usw.
2. Sie sollen Dinge nennen, die im Zusammenhang mit dem Wind stehen, z. B. Drachen, Segelschiff, Segelflugzeug, Heißluftballon.
3. Sie sollen ihnen bekannte Erscheinungsformen des Windes nennen, z. B. Böen, Sturm, Wirbelsturm, Orkan.
4. Sie sollen Auswirkungen des Windes nennen, die sie kennen, z. B. dass er die Samen des Löwenzahns verteilt, die Wäsche flattern lässt, leere Papiertüten über die Straße treibt usw.

Experimentierphase:

Die Erzieherin verteilt das Pergamentpapier. Die Kinder können damit in einer kurzen Experimentierphase Windgeräusche erzeugen.
Danach werden gezielte Experimente mit dem vorhandenen Material durchgeführt.

Wind kann man messen

Ein Zentimetermaß wird auf einen Tisch gelegt. An die Kante des Tisches legt man ein Watteböllchen. Nun holt man ganz tief Luft und pustet lange aus. Dadurch wird das Watteböllchen über den Tisch geweht. Hat man ausgepustet, wird die Strecke gemessen, die das Watteböllchen zurückgelegt hat.

Variation:

Bunte Tropfen aus Wasserfarbe und Wasser werden mit dem Strohhalm über ein Blatt gepustet.

Wind kann man wiegen

Gemeinsam wird eine bestimmte Anzahl von Luftballons aufgeblasen, in ein Kopfkissen gelegt und auf einer Waage gewogen. Das Gewicht wird mit dem Gewicht von leeren Luftballons und dem Kopfkissen verglichen. So kann man erkennen, wie viel Luft wiegt.

Anmerkung:

Die Waage sollte eine feine Skaleneinteilung haben, so dass man den geringen Gewichtsunterschied sehen kann.

Wind kann man selbst machen

Mit einem Fächer, einer Luftpumpe und vielen Dingen mehr kann Wind erzeugt werden. Schon beim schnellen Wedeln mit der Hand spürt man ein kleines Lüftchen, mit einem Blatt Papier geht es noch besser. Auch beim schnellen Laufen entsteht Wind, einerseits als Gegenwind, der dem Läufer die Haare nach hinten bläst, andererseits Wind, den die anderen spüren, an denen der Läufer vorbeiläuft.

Wind kann man sehen

Mit einem Blasebalg, einer Luftpumpe oder mit den Mund werden auf Kommando von allen Kindern Blätter durch die Luft gewirbelt.

Windspiel im Freien:

Stoffstreifen und andere leichte Dinge, die vom Wind bewegt werden können, werden an einer Schnur aufgehängt. Die Schnur wird zwischen zwei Bäumen befestigt und so kann man bei jedem Wind die Teile an dieser Flatterschnur tanzen und im Wind flattern sehen.

Ergänzung:

Bilder vom Sturm und seinen Verwüstungen können gezeigt werden.

Wind kann tragen

Papierschnipsel werden in die Luft geworfen. Dabei wird beobachtet, wie der Wind oder die Luft die Schnipsel trägt und sie langsam zu Boden gleiten lässt.

Windspiel im Freien:

Bei schönem Wetter können im Freien verschiedene Blätter gesammelt und nacheinander fallen gelassen werden, welche von ihnen fallen schneller zu Boden, welche trägt der Wind besser?

Wind kann man hören

Die Kinder erzeugen Windgeräusche mit einem Plastikschlauch, einem Stück Stoff, einem Gürtel oder anderen Gegenständen, die schnell gedreht werden. (Vorsicht, dabei besteht Verletzungsgefahr!)
Alles, was klingt, wird an ein Band gehängt und zwischen zwei Bäumen befestigt. Bei jedem Windstoß entstehen so Windgeräusche.
Verschieden große Flaschen werden mit unterschiedlich viel Wasser aufgefüllt. Die Kinder versuchen nun, so an den Flaschenrand zu pusten, dass ein Ton entsteht. Wie klingt Wind an den einzelnen Flaschen?

Wind kann man spüren

Man spürt den Wind auf der Haut, wenn er stark genug ist, sogar durch die Kleidungsstücke hindurch. Wenn man den Finger befeuchtet und in die Luft streckt, wird durch die Verdunstung die Seite des Fingers kalt, auf die der Wind auftrifft. So kann man auch die Windrichtung feststellen.

Wind kann warm oder kalt sein

Ein Föhn kann Luft vor dem Ausstoßen erhitzen, so dass man beim Haareföhnen nicht friert. Heiße Wüstenwinde aus Afrika können das Meer überqueren und – etwas abgekühlt durch die lange Reise – im Sommer bis in unsere Breiten vordringen.

Wind treibt an

Aus einem Faltblatt wird ein Windrad gebastelt (siehe Illustration unten). Dieses wird an einem dünnen Holzstab befestigt und zwar so, dass es sich drehen kann. Nun wird mit einem Föhn Wind erzeugt. Das Windrad dreht sich im warmen Luftstrom.

Wind kann man riechen

Der Wind treibt uns die Düfte in die Nase. Ohne Wind bzw. Luft könnten wir nichts riechen.
Verschiedene, stark duftende Gegenstände wie ein Stück Seife, etwas Essig o. ä. werden bereit gestellt. Mit verbundenen Augen müssen die Kinder nun den Duft erraten. Leichtes Pusten hilft dabei: Die Luft trägt die Aromastoffe zu den Riechzellen in der Nase.

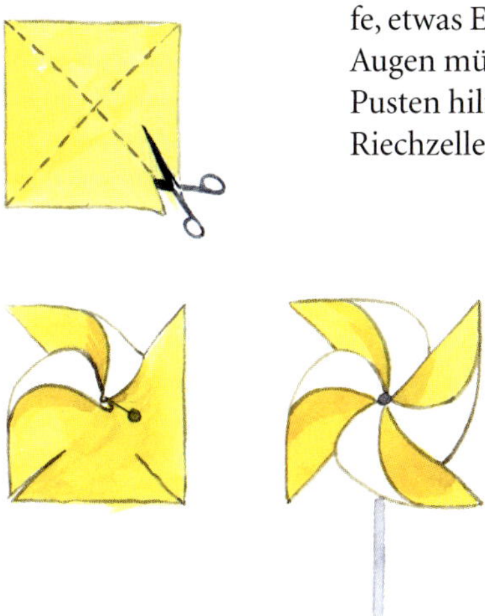

Windige Rezepte

Kleine Windbeutel

Zutaten für den Teig:
1 Tasse Wasser, 6 El Butter, 1 Tasse Mehl, 1 Tasse Zucker, 4 Eier

Zutaten für Guss und Füllung:
250 g Schokolade (halbbitter), ½ Tasse kalten Kaffee, Puderzucker, Schlagsahne

Zubereitung:
Aus den Teigzutaten einen Brandteig herstellen. Von diesem Teig jeweils 1 TL abnehmen und als kleines Häufchen auf das Backblech geben. Im vorgeheizten Ofen bei 200 Grad ca. 25 Min. backen. Mit einem Messer einen Einschnitt in den Boden machen. Nach dem Abkühlen die Windbeutel mit Schlagsahne füllen. Schokolade flüssig machen und den Windbeutel damit bestreichen. Erkalten lassen. Puderzucker mit Kaffee vermischen und über den Windbeutel streichen.

Große Windbeutel (Sturmbeutel)

Zutaten für den Teig:
¼ l Wasser, 125 g Butter, 125 g Mehl, 4 Eier, ½ TL Backpulver

Zutaten für die Füllung:
Frisches klein geschnittenes Obst, Schlagsahne

Zubereitung:
Wasser und Butter werden zum Kochen gebracht. Das Mehl wird auf einmal hinzugeschüttet und so lange gerührt, bis sich der Teig vom Boden löst. Nacheinander Eier und zum Schluss Backpulver unterarbeiten.
Diesen Teig auf ein gefettetes, mit Mehl bestäubtes Blech spritzen (kleine Häufchen) und im vorgeheizten Ofen bei 200 Grad ausbacken. Nach dem Erkalten den Deckel abschneiden und mit süßem Obst und Sahne füllen.

Windbeutel mit Käsefüllung

Brandteig nach dem Rezept der großen Windbeutel herstellen. Schmierkäse nach Belieben mit etwas Quark und Sahne, Gewürzen, Kräutern und klein geschnittenem Kochschinken verrühren und in die Windbeutel füllen.

Süße Windräder, Drachen und Segelschiffe

Zutaten:

150 g Magerquark, 6 El Milch, 6 El Öl, 75 g Zucker, abgeriebene Schale einer unbehandelten Zitrone, 1 Prise Salz, 300 g Mehl, 1 Päckchen Backpulver, Backpapier, 1 Beutel Kuchenglasur Zitrone (100 g), bunte Streusel, 150 g Puderzucker, Eiweiß, Zucker- oder Lakritzstangen.

Zubereitung:

Quark abtropfen lassen, mit Milch, Öl, Zucker, Zitronenschale und Salz schaumig rühren. Das Mehl mit dem Backpulver mischen und einen Teil davon unter die Quarkmasse mischen. Ein Blech mit Backpapier belegen. Den Teig zu einem großen Rechteck ausrollen und in Quadrate von etwa 10 x 10 cm Größe schneiden. Die Quadrate in den Ecken einschneiden und wie ein Windrad umschlagen. Auf das Blech legen und ca. 20 Minuten backen und abkühlen lassen. Die Zitronenglasur im Wasserbad erwärmen und die Windräder damit bestreichen, mit Streuseln verzieren. Puderzucker mit Eiweiß verrühren und die Zucker- oder Lakritzstangen an die Windräder kleben.

Aus dem Teig können auch bunte Drachen oder Segelschiffe gemacht werden. Dabei kann jeder seiner Fantasie freien Lauf lassen.

Literatur

Bilderbücher

Sandra Horn/Ken Brown
Lumpenhans tanzt mit dem Wind
Gerstenberg Verlag, Hildesheim 1995

Chantal M. Vandenberghe
Ich und der Sturm
Dr. Hans Peters Verlag, Hanau 1986

Yoko Ono, Yoko Imoto
Der kleine Fuchs und das Fahrrad
Saatkorn Verlag, Hamburg 1983

Max Velthuijs
Der Junge und der Drachen
Otto Maier Verlag, Ravensburg 1979

Sachbücher

Dieter Stark/ Reinhard Horn
Feuer, Erde, Wasser, Luft
Don Bosco Verlag, München 1993

Gisela Walter
Luft
Herder Verlag, Freiburg 1995

Landa & Co.
Wasser, Feuer, Luft, Erde
Christophorus Verlag, Freiburg 1997

Axel Weiss
Mein erstes Experimentierbuch
Augustus Verlag, Augsburg 1999

Illustrationen: Unen Enkh, Denzlingen
Layout: Zumstein Grafik-Design, Merzhausen
Redaktion: Martin Stiefenhofer
Herstellung: J. P. Himmer, Augsburg
ISBN 3-451-27106-0